Thank-you Note

나태주 시인의 감사노트 (레드)

저자 나태주 | 펴낸이 임상진 | 펴낸곳 (주)넥서스
초판 1쇄 발행 2025년 10월 25일 | **초판 4쇄 발행 2025년 11월 25일**
출판신고 1992년 4월 3일 제311-2002-2호 | 주소 10880 경기도 파주시 지목로 5
전화 (02)330-5500 팩스 (02)330-5555 | ISBN 979-11-24028-02-5 03810
출판사의 허락 없이 내용의 일부를 인용하거나 발췌하는 것을 금합니다.
가격은 뒤표지에 있습니다. 잘못 만들어진 책은 구입처에서 바꾸어 드립니다.

www.nexusbook.com | &(앤드)는 ㈜넥서스의 문학 브랜드입니다.

Thank-you Note

나태주 시인의 감사노트

&

YEARLY PLAN 연간계획

JAN	FEB	MAR
1	1	1
2	2	2
3	3	3
4	4	4
5	5	5
6	6	6
7	7	7
8	8	8
9	9	9
10	10	10
11	11	11
12	12	12
13	13	13
14	14	14
15	15	15
16	16	16
17	17	17
18	18	18
19	19	19
20	20	20
21	21	21
22	22	22
23	23	23
24	24	24
25	25	25
26	26	26
27	27	27
28	28	28
29	29	29
30		30
31		31

소중한 사람들과의 기념일을 잊지 마세요

APR	MAY	JUN
	1	1
	2	2
	3	3
	4	4
	5	5
	6	6
	7	7
	8	8
	9	9
10	10	10
11	11	11
12	12	12
13	13	13
14	14	14
15	15	15
16	16	16
17	17	17
18	18	18
19	19	19
20	20	20
21	21	21
22	22	22
23	23	23
24	24	24
25	25	25
26	26	26
27	27	27
28	28	28
29	29	29
30	30	30
	31	

JUL	AUG	SEP
1	1	1
2	2	2
3	3	3
4	4	4
5	5	5
6	6	6
7	7	7
8	8	8
9	9	9
10	10	10
11	11	11
12	12	12
13	13	13
14	14	14
15	15	15
16	16	16
17	17	17
18	18	18
19	19	19
20	20	20
21	21	21
22	22	22
23	23	23
24	24	24
25	25	25
26	26	26
27	27	27
28	28	28
29	29	29
30	30	30
31	31	

OCT	NOV	DEC
1	1	1
2	2	2
3	3	3
4	4	4
5	5	5
6	6	6
7	7	7
8	8	8
9	9	9
10	10	10
11	11	11
12	12	12
13	13	13
14	14	14
15	15	15
16	16	16
17	17	17
18	18	18
19	19	19
20	20	20
21	21	21
22	22	22
23	23	23
24	24	24
25	25	25
26	26	26
27	27	27
28	28	28
29	29	29
30	30	30
31		31

Thank-you Note

"사소한 것이 아름답고
오래된 것이 새롭고
흔한 것들이 소중하다."

_ 나태주

여는 글

행복의 씨앗이 된 '감사'

어려서나 젊어서나 나는 불안정한 사람이었고 무언가 굼뜬 날들을 사는 인간이었다. 방황하는 영혼이었다 그럴까. 그러다가 내가 진정으로 인생의 의미를 알고 감사를 알고 만족을 알게 된 것은 적어도 인생의 후반부, 60대 초반 무렵이다.

더럭 죽을병에 걸리고 만 것이다. 2007년, 교직 정년 6개월을 앞두고 쓸개가 터지고 범발성 복막염이 발생하고 드디어 급성 췌장염으로까지 번져, 더는 살아날 수 없는 사람이 되고 말았다. 그러나 신의 가호를 입어 구사일생으로 병원에서 나와 새롭게 사는 사람이 되었다.

그로부터 나의 세상은 변화하는 세상이 되지 않을 수 없었다. 사소한 것이 아름답고 오래된 것이 새롭고 흔한 것들이 소중하다는 것을 알아차리게 된 것이다. 젊어서 선배 시인에게서 들은 말이 있다. "살아난다는 보장만 있다면 젊어서 죽을병에 걸려보는 것도 나쁘지 않겠다."

그때는 몰랐는데 정작 내가 죽을병에 걸렸다가 살아나고 보니

선배 시인의 그 말이 무엇을 의미하는지 알 수 있을 것만 같았다. 병원에서 나오고 교직에서 정년퇴직하고 무직자가 되었을 때, 나의 세상은 영판 달라지고 있었다. 소생의 기쁨이라 그럴까. 회복기의 삶이라 그럴까.

기쁘지 않은 일이 없고 좋지 않은 일이 없고 감사하지 않은 일이 없었다. 술을 마시지 않아도 핑그르르 파란 하늘 흰 구름에 취했고, 노래를 듣지 않아도 비틀비틀 마음속엔 노래의 강물이 십 리 만 리 흐르고 흘렀다. 아무래도 그것은 매직이었던 것이 분명하다.

결국 나같이 아둔한 인간도 알게 되었다. 왜 감사해야 하는가? 누구를 위해 기뻐해야 하고 만족해야 하는가? 모두가 나 자신을 위해서 그런 것이다. 그래서 나는 행복의 공식을 깨닫게 되었다. 감사가 만족을 낳고 만족이 기쁨을 낳고 기쁨이 행복을 낳는다는 것!

당신은 지금 행복한 사람인가? 그렇다면 당신은 기쁨이 있는 사람이고, 만족을 아는 사람이고, 순간순간 감사하며 사는 사람이다. 감사가 그렇게 귀중한 것이다. 행복의 씨앗인 것이다. 나는 비록 60대 초반, 죽을병에 걸리고 나서 알았지만, 현명한 당신은 분명히 젊어서도 알 수 있을 것으로 믿는다.

2025년 초가을, 나태주 씁니다.

미래를 변화시키는 '감사의 힘'

'감사'란 고마움을 나타내는 인사말입니다. 영어로 감사를 뜻하는 'gratitude'는 '기쁘다' 또는 '감사하다'를 의미하는 라틴어 'gratus'에서 유래되었습니다. 감사는 우리가 살아가면서 마주하는 긍정적인 경험과 타인의 친절에 깊이 고마움을 느끼고 인정하는 마음가짐을 말합니다. 감사를 표현하면 기쁨과 만족감이 뒤따르고 때로는 타인에게 보답하고자 하는 긍정적인 행동으로 이어지기도 합니다. 사회적 관계를 강화하고, 공감과 연대감을 증진시키는 역할을 합니다.

대한민국의 대표 국민시인인 나태주 시인은 평소 강연과 인터뷰에서 감사에 관한 남다른 철학을 꾸준히 이야기해 왔습니다. 시인은 우리가 무심코 지나치는 사소하고 평범한 것들에서 감사의 이유를 찾아내곤 합니다. 오랜 병원 생활을 마치고 퇴원한 후에 "무엇 하나 감사하지 않은 것, 눈물겹지 않은 것이 없다."라고 했던 시인은 "숨 쉬는 것도 감사하고, 물 한 잔 마시는 것도 감사하고, 바람이 불어오는 것도 감사하다."라고 말했습니다. 햇살, 바람, 꽃 한 송이, 그리고 집에서 변함없이 귀가를 기다리는 아내와 낡고 오래된 집, 낡은 슬리퍼조차도 감사하다고 고백했습니다. 시인은 입버릇처럼 "행복은 감사에서 시작된다."라고 말하며, 감사하는 마음이 곧 삶을 긍정적으로 바라보고 만족감을 느끼게 하는 힘이라고 강조합니다.

이러한 감사의 중요성은 뇌 과학으로도 증명됩니다. 실제로 어떤 대상에게 호의를 느끼고 감사하는 마음을 가질 때, 뇌의 왼쪽 전전두피질(Left Prefrontal Cortex, LPFC)이 활성화되어 긍정적인 감정을 더욱 쉽게 느낄 수 있다고 합니다. 이 왼쪽 전전두피질은 우리의 생각과 감정, 행동을 조절하는 매우 중요한 역할을 담당합니다. 이곳은 기쁨, 행복과 같은 긍정적인 감정을 관장하기 때문에, 활동이 활발해질수록 우리는 더 나은 기분과 낙천적인 경향을 갖게 됩니다. 나아가 새로운 것을 성취하고 시도하려는 목표 의식이 강해지고, 언어와 의사소통 능력까지 향상되는 긍정적인 변화를 기대할 수 있습니다.

매일 감사를 실천함으로써 우리는 더욱 활기차고 지혜롭고 행복한 나 자신을 발견하게 될 것입니다. 뇌의 잠재력을 깨우고 더 나은 미래를 만들어가는 가장 쉽고 확실한 방법, '감사의 힘'을 적극적으로 활용해 보길 바랍니다. 미래의 변화는 현재의 긍정적인 태도에서 시작됩니다. 일상에서 감사의 순간을 인식하고 지속적으로 실천하는 여러분이 되시길 바랍니다.

편집부

감사노트 사용법

나태주 시인의 깊고 반짝이는 사색이 담긴 '감사'에 관한 생각과 말입니다.
짧은 글 속에 담긴 아름다운 의미를 되새기며 하루를 시작합니다.
문장을 그대로 필사하거나 나의 생각을 글로 남겨 보세요.

작은 것

행복 앞에는 기쁨이 있고,
기쁨은 작은 것에 대한
감사로부터 시작된답니다.

Everyday gratitude
아침에 눈을 떴을 때 따스하게 비치는 햇살

Gratitude for nature
따뜻하게 내리쬐는 햇살은 우리에게 빛과 온기를 준답니다

일상에서 마주하는 작고 소중한
감사의 순간들을 적어보세요.
작지만 반짝이는 행복을 안겨주는 것들입니다.

아름다운 자연에 대한
감사의 마음을 기록합니다.
우리에게 모든 것을 내어주는
더없이 위대한 자연입니다.

오늘, 바로 지금 이 순간,
감사하고 싶은 일을 적어 보세요.
한 가지도 좋고 세 가지도 좋고 열 가지도 좋습니다.
아주 작고 사소한 일도 괜찮습니다.

Date. . . .

● 오늘 이 순간, 감사하고 싶은 일은…

불안에서 벗어나는 가장 좋은 방법은 지금 이 순간의 좋은 일에 감사하는 것이다
_ 달행 드 보통

거장들의 명언은 삶의 지혜가 되어
우리에게 성찰의 기회를,
세상을 바라보는 새로운 시각을 선사합니다.

'감사합니다'를 의미하는 세계 여러 나라의 언어들

영어(English)	Thank you (땡큐)
일본어(Japanese)	ありがとうございます (아리가토 고자이마스)
중국어(Chinese-표준 만다린)	谢谢 (셰셰)
프랑스어(French)	Merci (메르시)
독일어(German)	Danke (당케)
스페인어(Spanish)	Gracias (그라시아스)
러시아어(Russian)	Спасибо (스파시바)
베트남어(Vietnamese)	Cảm ơn (깜언)
태국어(Thai)	ขอบคุณครับ/ขอบคุณค่ะ (컵쿤캅/컵쿤카) (남성이 말할 때는 컵쿤캅, 여성이 말할 때는 컵쿤카)
아랍어(Arabic)	شكرا (슈크란)
스와힐리어(Swahili-아프리카)	Asante (아산테)
폴란드어(Polish)	Dziękuję (젠쿠예)
체코어(Czech)	Děkuji (제쿠이)
헝가리어(Hungarian)	Köszönöm (쾨쇠놈)
포르투갈어(Portuguese)	Obrigado/Obrigada (오브리가두/오브리가다) (남성이 말할 때는 Obrigado, 여성이 말할 때는 Obrigada)
이탈리아어(Italian)	Grazie (그라치에)
튀르키예어(Turkish)	Teşekkür ederim (테셰퀴르 에데림)
그리스어(Greek)	Ευχαριστώ (에프하리스토)
아프리칸스어(Afrikaans-아프리카)	Dankie (당키)

차례

10 — 여는 글

14 — 감사 노트 사용법

18 — 감사 노트

242 — 오늘의 셀프 칭찬 한 줄

작은 것

행복 앞에는 기쁨이 있고,
기쁨은 작은 것에 대한
감사로부터 시작된답니다.

Everyday gratitude
아침에 눈을 떴을 때 따스하게 비치는 햇살

Date. . . .

오늘 이 순간, 감사하고 싶은 일은…

불안에서 벗어나는 가장 좋은 방법은 지금 이 순간의 좋은 일에 감사하는 것이다

_ 알랭 드 보통

일상 일상 속에서 작은 성과와 기쁨을 찾아보세요.
행복은 저절로 다가올 것입니다.

Gratitude for nature
따뜻하게 내리쬐는 햇살은 우리에게 빛과 온기를 준답니다

Date. . . .

오늘 이 순간, 감사하고 싶은 일은 …

삶에서 정말 중요한 것은 상황을 당연히 여기는지, 감사히 여기는지, 그 차이에 있다
_ G. K. 체스터턴

마음 행복은 작은 것에서부터 시작된다고 해요.
감사하는 마음은
행복의 첫걸음!

Everyday gratitude
갓 내린 따뜻한 커피나 좋아하는 차 한 잔의 여유

Date. . . .

오늘 이 순간, 감사하고 싶은 일은 …

감사는 내 인생이 충분하고 부족함 없음을 인정하는 방법이다

_ 브레네 브라운

첫날

지금 이 순간을 소중히 여기고
나 자신을 사랑해 보세요.
그리고 하루하루를 첫날처럼 소중하게 살아가요!

Gratitude for nature
깨끗한 공기는 우리의 생명을 유지하는 가장 기본적인 선물이에요

Date.   .   .   .

오늘 이 순간, 감사하고 싶은 일은 …

감사하는 마음은 가장 위대한 미덕일 뿐만 아니라, 다른 모든 미덕의 근원이 된다

_ 키케로

작은 행복

작은 행복을 느끼면서
긍정적인 삶을 이어가길 바랍니다!
당신은 이미 충분히 잘하고 있으니까요!

Everyday gratitude
푹신한 침대에서 편안하게 잠들고 깨어나는 순간

Date.   .   .   .

오늘 이 순간, 감사하고 싶은 일은…

사람이 얼마나 행복한가는 그의 감사의 깊이에 달려 있다

_ 존 밀러

감정 정리

오늘 하루의 소소한 것들에 대해
일기나 편지를 써보는 것도 좋은 방법입니다.
내 안의 감정을 정리하고 표현하는 과정에서
내 마음이 더욱 더 맑아질 거예요!

Gratitude for nature
언제든 마실 수 있는 시원한 물은 우리의 갈증을 해소해 줍니다

Date. . . .

오늘 이 순간, 감사하고 싶은 일은…

감사는 결코 졸업이 없는 과정이다

_ 발레리 앤더스

자기 긍정

행복도 연습이 필요합니다.
매일매일 "나는 행복하다."라고 스스로에게
이야기해 보세요. 자기 긍정의 말을 통해 마음속
정서와 대화하면 점차 마음이 밝아질 것입니다.

Everyday gratitude
온몸을 감싸는 따뜻한 물줄기로 샤워할 때의 상쾌함

Date.   .   .   .

오늘 이 순간, 감사하고 싶은 일은…

행복은 바로 감사하는 마음이다

_ 조셉 우드 크루치

당당하게

오직 혼자서 피어 있는 꽃이
더 당당하고 아름다울 때 있다.
너 오늘 혼자 외롭게 꽃으로 서 있음을
너무 힘들어하지 말아라.

Gratitude for nature
흙은 식물을 키우고 만물을 지탱하는 힘이자 우리의 고향이지요

Date.   .   .   .

오늘 이 순간, 감사하고 싶은 일은 …

친절하게 행동하라. 그러나 절대로 감사는 기대하지 말라

_ 공자

웃음 오늘의 가장 아름다운 선물은
당신의 웃는 얼굴입니다.

Everyday gratitude
배고플 때 언제든 먹을 수 있는 맛있는 식사

Date. . . .

오늘 이 순간, 감사하고 싶은 일은…

행복이란 밖에서 오는 행복도 있지만
자기 마음 안에서 향기처럼, 꽃향기처럼 피어나는 것이 진정한 행복이다 _ 법정 스님

순간의 소중함

일상의 작은 순간이 모여
큰 행복을 이룹니다.

Gratitude for nature
구름 한 점 없는 파란 하늘을 보면
마음까지 뻥 뚫리는 기분이 듭니다

Date.   .   .   .

오늘 이 순간, 감사하고 싶은 일은 …

비위에 맞을 때 하는 수천 번의 감사보다
이와 어긋날 때 드리는 한 번의 감사가 더 값지다   _ 아빌라의 성녀 테레사

고
마 감사는 작은 것들에 대하여
움 고마움을 느끼는 마음입니다.

Everyday gratitude
시원하게 마실 수 있는 깨끗한 물 한 잔

Date.   .   .   .

오늘 이 순간, 감사하고 싶은 일은…

풍족함은 좋은 일이지만 감사할 줄 모르게 하고
부족함은 나쁜 것이지만 무엇에겐가 감사하게 만든다 _세르반테스

조건

꽃 한 송이를 피우는 데는
온 우주가 필요합니다.

Gratitude for nature

은은한 달빛은 밤길을 비춰주고 고요한 분위기를 만들어줘요

Date. . . .

오늘 이 순간, 감사하고 싶은 일은 …

베풂에는 세 종류가 있다. 아까워하며 베푸는 것, 의무적으로 베푸는 것,
감사함으로 베푸는 것이다 _ 로버트 N. 로덴 메이어

마음가짐

한 그릇의 밥, 한 잔의 물에도
감사하고 만족하고 기뻐하자.
그러면 기꺼이 행복이 찾아오리라.

Everyday gratitude

입고 싶은 옷을 골라 입을 수 있는 자유

Date. . . .

오늘 이 순간, 감사하고 싶은 일은 …

삶을 바꾸기 위해 할 수 있는 일 중 한 가지는 가진 것에 감사하는 것이다
많이 감사할수록 더 많이 얻게 될 것이다 _ 데이비드 슈디인들 라스트

태도 착한 마음과 부드러운 태도를 지니면
세상을 아름답게 살아갈 수 있어요.

Gratitude for nature
밤하늘의 수많은 별들을 올려다보면
우주의 광활함과 신비가 느껴집니다

Date. . . .

오늘 이 순간, 감사하고 싶은 일은 …

그러나 인간 정신을 승화시키고 풍성하게 해주며 더욱 크게 확대해 주는 것은
바로 이 감사하는 마음이다. 감사함의 부족은 오만함의 상징이다   _ 이케다 다이사쿠

성공   성공이란 청소년 시절에 꿈꾸던 내 모습을
가슴에 간직하고 있다가 늙어서 어느 날
그 모습을 나로부터 발견하는 것이랍니다.

Everyday gratitude
소파에 편안하게 기대어 쉴 때의 안락함

Date.   . . .

오늘 이 순간, 감사하고 싶은 일은 …

감사함은 사람을 겸손하게 만든다. 감사함은 마음을 커다랗게 만든다

_ 이케다 다이사쿠

확장

나로 시작해서
너로 넓어지는 사람이 되어야 합니다.

Gratitude for nature
비 온 뒤 흙에서 피어나는 싱그러운 자연의 냄새를 맡아보세요

Date. . . .

오늘 이 순간, 감사하고 싶은 일은…

하나님은 항상 감사하는 자에게 축복을 주시며, 그의 축복을
교만한 자의 손에서는 거두시나 겸손한 자에게는 언제나 허락하신다 _ 토마스 아 켐피스

자기애 화내지 말고, 미워하지 말고,
자기 자신을 더 사랑해 보세요.

Everyday gratitude
귀를 스치는 시원한 바람

Date.   .   .   .

오늘 이 순간, 감사하고 싶은 일은…

삶의 좋은 점을 찾기 시작하라
좋은 점이 너무도 많은 당신은 그저 놀라게 될 것이다   _ 스테이시 마틴

방향성

착한 방향, 좋은 방향, 옳은 방향,
아름다운 방향을 향해 천천히 걸어가세요.
쉬지 않으면 틀림없이
목적지에 도달할 수 있습니다.

Gratitude for nature
시원한 바람은 더위를 식혀주고 기분을 상쾌하게 해주죠

Date. . . .

오늘 이 순간, 감사하고 싶은 일은 …

기쁨을 주는 사람만이 더 많은 기쁨을 즐길 수 있다

_ 알렉상드르 뒤마

선물 봄이 오는 것도 선물이고 꽃이 피는 것도 선물이고
우리 삶 자체가 선물입니다.

Everyday gratitude
마음을 평온하게 하는 잔잔한 빗소리

Date.   .   .   .

오늘 이 순간, 감사하고 싶은 일은 …

감사를 느끼지만 표현하지 않는 것은 선물을 포장해 놓고 주지 않는 것과 같다

_ 윌리엄 아서 워드

순서

행복 앞에는 기쁨이 있습니다.

기쁨 앞에는 만족이 있습니다.

그리고 만족 앞에는 감사가 있습니다.

Gratitude for nature

창밖으로 들리는 잔잔한 빗소리는 마음을 평화롭게 해줘요

Date.   . . .

오늘 이 순간, 감사하고 싶은 일은…

바로 여기에서, 바로 지금 행복해야 한다

_ 로버트 잉거솔

소중하고 고마운 인연들 따뜻한 마음을 오래 간직하세요

1 인생의 진로를 바꾸게 된 계기를 준 사람은 누구였나요?

___

2 내게 처음 사랑의 감정을 일깨워 준 사람은 누구인가요?

___

3 내 재능을 가장 먼저 알아봐 주고 북돋아 준 사람이 있나요?

___

4 내가 힘들 때 먼저 "괜찮아?" 하고 물어봐 준 사람은?

___

5 인생의 중대한 갈림길에서 올바른 방향을 제시해 준 멘토는 누구였나요?

___

6　말없이 곁을 지켜주며 존재만으로 힘이 되어준 사람이 있나요?

___

7　나의 엉뚱한 상상력을 진심으로 응원해 준 사람은 누구였나요?

___

8　성공했을 때 나보다 더 기뻐해 준 친구가 있나요?

___

9　아무 조건 없이 나에게 도움의 손길을 내밀어 준 사람이 있나요?

___

10　세상의 아름다움을 처음으로 알려준 사람은? (예술이든 자연이든)

___

11 내가 좌절에 빠졌을 때 따뜻한 눈빛으로 용기를 준 사람은 누구였나요?

12 내가 가진 고정관념과 선입견을 와장창 깨트려 준 사람은?

13 숨기고 싶던 나의 단점마저 감싸안아 준 사람은 누구인가요?

14 내 작은 노력에도 아낌없는 칭찬으로 자신감을 준 사람은?

15 내가 저지른 실수를 남이 보는 곳에서 지적하지 않고 조용히 감싸 준 사람이 있나요?

16 처음으로 나의 최애가 된 연예인이나 유명 인사가 있다면?

17 내가 지칠 때마다 "잘하고 있어!"라고 응원해 준 사람은 누구인가요?

18 밤새 내 고민을 들어주며 함께 울어준 친구는 누구인가요?

19 내가 외롭고 서글플 때 따뜻한 밥 한 끼로 마음을 녹여준 사람은 누구인가요?

20 내가 좋아하는 일을 직업으로 삼을 용기를 준 사람은 누구인가요?

가치 불행하다고 느끼기 전에 지금 내가 갖고 있는
작은 것의 가치를 찾아보세요.

Everyday gratitude
좋아하는 음악을 들으며 느끼는 행복

Date. . . .

오늘 이 순간, 감사하고 싶은 일은 …

고마움을 통해 인생은 풍요해진다

_ 본회퍼

깨달음

살아지고, 살아가고, 살아내는 삶 속에서
우리는 삶이 축복이고 아름다움이며 눈부신 것임을
알 수 있습니다.

Gratitude for nature
들판에 핀 꽃들은 수천 가지의 색과 향기로 우리를 즐겁게 해주지요

Date. . . .

오늘 이 순간, 감사하고 싶은 일은 …

감사는 갚아야 할 의무이지만 어느 누구도 그것을 기대할 권리는 없다

_루소

실수

지금 모습 그대로 너는 충분히 예쁘고
가끔은 실수하고 서툴러도
너는 사랑스런 사람이란다.

Everyday gratitude
반려동물의 순수하고 애정 어린 눈빛

Date.   .   .   .

오늘 이 순간, 감사하고 싶은 일은…

항상 네 감사하는 일을 처음에는 하늘에 하고 다음에는 땅에 하라

_ 데이비드 토마스

있다는 것

'저녁 때 돌아갈 집이 있다는 것'을 깨닫는 순간
이미 행복이 가까이에 있고,
'외로울 때 혼자서 부를 노래가 있다는 것'을 아는 순간
우리는 이미 행복한 사람입니다.

Gratitude for nature
울창한 숲의 나무가 주는 그늘은 서늘하고 깊고 비밀스럽습니다

Date.   .   .   .

오늘 이 순간, 감사하고 싶은 일은 …

감사의 의무를 다했다 해서 누구나가 은혜를 잊지 않고 있다고 자만할 수는 없다

_ 라 로슈푸코

자격

나는 누구보다 소중한 사람입니다.
나는 가치 있는 사람입니다.
나는 사랑받을 자격이 있습니다.

Everyday gratitude
꽃이나 갓 구운 빵 등에서 나는 좋은 향기

Date. . . .

오늘 이 순간, 감사하고 싶은 일은…

감사는 예의의 가장 아름다운 형태이다

_ 자크 마리탱

소유

먼 곳으로 여행을 다녀오면 느끼곤 합니다.
내 가족, 친구, 베개, 침대, 슬리퍼가
이렇게 소중하구나.
나는 참 가진 것이 많은 사람이구나.

Gratitude for nature
새벽에 처음 들려오는 새의 울음소리는 얼마나 아름다운가요

Date.   .   .   .

오늘 이 순간, 감사하고 싶은 일은 …

감사를 받기 위해서 먼저 고마움을 표시하라

_ 발타자르 그라시안

긍정

몸이 아플 때면, 생각하곤 합니다.
"살아있으니 아픈 거야.
아프니까 나는 또 살 수 있다." 그러면서 모든 상황을
긍정적으로 이겨내려 노력합니다.

Everyday gratitude
따뜻하게 난방이 되는 포근한 실내

Date.   .   .   .

오늘 이 순간, 감사하고 싶은 일은…

감사한 마음처럼 아름다운 것은 없을 것이다. 우리가 누구에겐가 감사하고 있을 때는
거기에는 불화나 반목 같은 것은 발붙이지 못할 것이다   _ 박지원

오늘 하루

오랫동안 아파서 병원 생활을 해본 사람은 압니다.
아무 일 없는 하루하루가 얼마나
소중한 순간들의 선물인지요.

Gratitude for nature
바다에 가면 광활한 우주의 신비로움이 느껴져요

Date.   .   .   .

오늘 이 순간, 감사하고 싶은 일은 …

세상에서 감사를 표하는 이의 행동보다 더 아름다운 것은 없을 것이다

_ 라 브뤼에르

친구

인디언 속담에 "친구란 나의 슬픔을 대신 지고
가주는 사람"이라는 말이 있습니다.
내가 먼저 그런 친구가 되면
나 또한 진정한 친구를 만날 수 있답니다.

Everyday gratitude
전기, 인터넷처럼 우리가 당연하게 여기는 기술들

Date.   .   .   .

오늘 이 순간, 감사하고 싶은 일은…

어느 누구에게도 감사할 줄 모르는 아이를 가진 것은 뱀의 이빨과 같이 무서운 일이다

_ 셰익스피어

만족 비록 가진 것이 작고 보잘것없을지라도,
그것에 만족하고 감사하는 마음을 가지면
훨씬 더 나은 사람이 될 수 있습니다.

Gratitude for nature
시냇물 소리를 듣기만 해도 마음이 깨끗해지는 기분이지요

Date. . . .

오늘 이 순간, 감사하고 싶은 일은 …

성공하는 사람이 되려 하지 말고 가치 있는 사람이 되어라

_ 알베르트 아인슈타인

친절 처음 만난 사람이 떨어진 물건을 주워줬을 때,
그 작은 친절도 사랑입니다.
그 사랑이 지금 우리 곁에 있습니다.

Everyday gratitude
빠르고 편리한 대중교통 시스템

Date. . . .

오늘 이 순간, 감사하고 싶은 일은…

나는 자연에 가까워졌고 이제 이 세상이 주는 아름다움에 감사할 수 있게 되었다

_제임스 딘

가족

가족이란 서로 이해하고 믿을 수 있는
사람들입니다.
믿음의 대상이 된다는 것,
얼마나 아름답고 고마운 일인지요.

Gratitude for nature
이른 아침 피어난 안개는
몽환적이고 신비로운 분위기를 연출해요

Date.   .   .   .

오늘 이 순간, 감사하고 싶은 일은 …

감사하는 사람은 항상 더 많은 축복을 받는다

_ 소크라테스

행복 호르몬

나는 사람들에게 활력소가 되는 노래 같은 시,
우울증에 걸리면 먹는 '세로토닌' 약처럼 사람들의
마음에 안정과 휴식을 주는 시를 쓰고 싶습니다.

Everyday gratitude
밤하늘을 수놓은 수많은 별들

Date. . . .

오늘 이 순간, 감사하고 싶은 일은…

감사함은 가장 순수한 기쁨이다

_ 세네카

다짐 봄에는 신선한 연둣빛 새싹과 생기 넘치는 초록색 나뭇잎을 바라보며 살아야겠다고 다짐합니다. 가을에는 붉은 단풍과 낙엽을 보며 사랑하는 사람들이 아프지 않기를 기도하고 싶습니다.

Gratitude for nature
따뜻한 오후의 햇살은 몸과 마음에 온기를 가득 채워줘요

Date.   .   .   .

오늘 이 순간, 감사하고 싶은 일은 …

감사함은 미덕 중에서 가장 작지만, 또한 가장 큰 미덕이다

_ 아리스토텔레스

무료 이용권

한 해가 온다는 건 매일의 태양과 365개의 달님을 공짜로 받는 것이다. 그리고 별과 물소리와 새소리, 나비, 구름과 푸른 하늘을 한 해 동안 다시 누릴 수 있다.

Everyday gratitude
푸르게 우거진 숲이나 길가의 나무들

Date.   .   .   .

오늘 이 순간, 감사하고 싶은 일은 …

과거를 감사하고, 현재를 환영하며, 미래를 두려워하지 마라

_ 에픽테토스

생존

당신이 오늘 당신 자신을 위해 가장 잘한 일은
세상에서 여전히 살아있는 목숨인 일이고,
누군가를 만난 일이고,
무슨 일인가를 열심히 한 것입니다.

Gratitude for nature
과일을 한 입 베어 물면 자연의 싱그러움이 입안 가득 느껴지죠

Date.   .   .   .

오늘 이 순간, 감사하고 싶은 일은 …

어리석은 자는 멀리서 행복을 찾고, 현명한 자는 자신의 발치에서 행복을 키워간다

_ 제임스 오펜하임

정성   당신이 오늘 세상에 가장 잘한 일은 무엇인가를 슬퍼하기도 하고, 누군가를 위해 좋은 마음을 갖기도 하고, 조그만 일에 정성을 다한 일입니다.

Everyday gratitude
발아래 피어난 작고 예쁜 들꽃

Date. . . .

오늘 이 순간, 감사하고 싶은 일은 …

감사함을 표현하시 않는 것은 향기를 빌하지 않는 장미와 같다

_ 헨리 워드 비처

그리움

당신이 오늘 세상에서 가장 잘한 일은 사랑하지
못할 사람을 사랑한 일이고, 나아가 그리워하기까지
한 일입니다. 그것은 작은 일이 아니고
거룩하기까지 한 일입니다.

Gratitude for nature
들판에 누워 하늘을 쳐다보면
말없이 흘러가고 있는 구름이 보입니다

Date.   . . .

오늘 이 순간, 감사하고 싶은 일은…

감사함은 마음의 기억이다

_ 장 밥티스트 마시외

기쁜 마음

감사하는 마음은 만족감의 마중물과도 같습니다. 감사가 만족을 이끌어내면, 자연스럽게 기쁜 마음에 이르게 됩니다. 이 기쁜 마음이 바로 행복을 초대하는 원동력입니다.

Everyday gratitude
맛있게 익은 과일을 한 입 베어 물 때의 달콤함

Date. . . .

오늘 이 순간, 감사하고 싶은 일은…

감사함은 현재의 축복을 배가시킨다

_ 로버트 루이스 스티븐슨

오늘의 기적

잠시 멈춰 마음을 돌아보면 기적이 보입니다.
넘어져서 일어서는 것, 아침에 눈을 떠 세수하는 것,
밖에 나갔다가 집으로 돌아오는 것.
모든 것이 다 기적입니다.

Gratitude for nature
때로는 맨발로 들길을 걸으며
발바닥에 닿는 풀잎의 부드러움을 느껴보세요

Date.   . . .

오늘 이 순간, 감사하고 싶은 일은…

감사함은 우리가 가진 것에 초점을 맞추게 한다

_ 멜로디 비티

소중하고 고마운 인연들 따뜻한 마음을 오래 간직하세요

21 새로운 도전에 망설일 때 "한번 해봐!" 하고 등을 떠밀어 준 사람은?

___

___

___

22 나의 숨겨진 재능과 잠재력을 발견해 준 사람이 있나요?

___

___

___

23 때론 얄미운 경쟁자였지만, 나를 더 성장하게 해준 라이벌이 있나요?

___

___

___

24 실패해도 괜찮다고 말해주며 다시 일어설 힘을 준 사람은 누구인가요?

___

___

___

25 나만의 개성을 존중하고 응원해 준 사람이 있나요?

___

___

___

26 세상의 불합리에 맞설 용기를 준 의인은 누구인가요?

27 배려와 존중의 가치를 생각하게 한 사람은 누구인가요?

28 내가 외로울 때 먼저 손 내밀어 주고 내 곁에 있어준 사람이 있나요?

29 내 사소한 부탁도 허투루 듣지 않고 진심으로 도와준 사람은 누구인가요?

30 슬픈 일을 겪었을 때 함께 울어준 사람이 있나요?

31 하루를 기분 좋게 시작할 수 있도록 내게 아침 인사를 건네준 사람은 누구인가요?

32 아무리 바빠도 나를 잊지 않고 연락해 준 사람이 있나요?

33 사소하고 시시콜콜한 내 이야기를 끝까지 경청해 준 사람은 누구인가요?

34 내가 남과 다름을 이해하고 포용해 준 사람이 있나요?

35 남이 나를 공격할 때, 내 편에 서서 나를 지지하고 함께 맞서 싸워준 사람이 있나요?

36 어색한 침묵이 감도는 분위기에서 먼저 농담을 건네 사람들을 웃게 해준 사람은 누구인가요?

37 내가 진정으로 원하는 것을 깨닫게 해준 사람은 누구인가요?

38 때론 냉정하지만, 늘 진심을 담아 조언해 준 사람은?

39 타고난 유머 감각으로 언제나 나를 즐겁게 해주는 사람이 있나요?

40 흐트러진 모습을 보이거나 실수를 해도 괜찮을 만큼 편안한 사람이 곁에 있나요?

단단한 내면

작고 평범한 일상을 성실히 가꿔가는 삶이
가장 귀하고 아름답습니다.
그런 사람은 어떤 시련에도 흔들리지 않는
단단한 내면의 심지를 갖고 있습니다.

Everyday gratitude
익숙한 길을 편안하게 걸을 수 있는 자유

Date.   .   .   .

오늘 이 순간, 감사하고 싶은 일은…

감사는 신앙의 심장이다

_찰스 스펄전

우리

가끔 내게도 세상살이는 아귀가 맞지 않고 힘이
부칠 때가 있습니다. 그렇지만 나는 나의 삶과
이웃들의 삶을 향기롭게 보듬어 안고 싶습니다.
우리의 삶은 나에게 하나의 커다란 축복이요,
기쁨이니까.

Gratitude for nature
올가을에는 단풍이 물들어 가는 숲의 황홀한 풍경을
놓치지 마세요

Date.   .   .   .

오늘 이 순간, 감사하고 싶은 일은 …

행복의 근원은 감사함에 있다

_ 달라이 라마

소망

우아하고 따뜻하게 삶을 꾸려가고 싶습니다.
한 번만이라도 사람이 사람을 좋아하고 사랑하는
세상에서 살아봤으면 좋겠습니다.

Everyday gratitude
엘리베이터나 문이 나를 위해 기다려줬을 때

Date. . . .

오늘 이 순간, 감사하고 싶은 일은…

감사함이 있는 곳에 평화가 있다

_ 마더 테레사

여행

우리는 여행하듯 삶을 살고 삶을 누리듯
여행을 해야 할 일입니다.
우리네 삶은 하루하루 길고 짧은 여행길입니다.

Gratitude for nature
하얗게 눈 덮인 들판을 보면
온 세상이 잠든 듯한 평화로움이 느껴집니다

Date.   .   .   .

오늘 이 순간, 감사하고 싶은 일은 …

모든 호흡이 감사의 대상이다

_ 랍비 나흐만

고향   흔들리고 고달프고 서로 심정적으로 버틸 길 때
돌아갈 수 있는 고향이 있다는 건
얼마나 감사한 일인가요.

Everyday gratitude
낯선 사람의 따뜻한 미소나 짧은 인사

Date.   .   .   .

오늘 이 순간, 감사하고 싶은 일은…

세상은 고통으로 가득하지만 그것을 극복하는 사람들로도 가득하다

_ 헬렌 켈러

행운

언제나 우리의 행운과 축복은 가까운 데서,
그리고 갑작스럽게 찾아오기 마련입니다.

Gratitude for nature
이른 아침, 나뭇잎에서 떨어지는 이슬을 맞아본 적 있나요

Date.   .   .   .

오늘 이 순간, 감사하고 싶은 일은…

반만 남은 포도주를 보고 겨우 반병밖에 안 남았다고 생각하는 사람과
아직도 반병이나 남았다고 생각하는 사람의 인생은 다르다

_ 버나드 쇼

눈물

운다는 것은 좋은 일입니다.
눈물 흘린다는 것은 더욱 좋은 일입니다.
울음으로 마음속 응어리를 삭힐 수 있고 눈물로
마음속 고통과 슬픔을 풀어낼 수 있기 때문입니다.

Everyday gratitude
무사히 집으로 돌아와 문을 열었을 때의 안도감

Date. . . .

오늘 이 순간, 감사하고 싶은 일은 …

당신이 불평하면서 헛되게 보내는 오늘은 어제 죽은 사람이 그렇게도 살고 싶었던 내일이다
_ 에머슨

인생에게 시시때때로 시를 주시는 신에게 감사하고
시를 쓰게 도와주는 주변의 인물들이나 사물들에게
감사합니다. 더불어 고달픈 인생에게도 고맙습니다.

Gratitude for nature
넓적한 토란잎 위에 또르르 굴러가는 빗방울을 보세요

Date.   . . .

오늘 이 순간, 감사하고 싶은 일은…

지금 네 곁에 있는 사람과 네가 자주 가는 곳과 네가 읽고 있는 책이 너를 말해준다

_ 괴테

꽃잎

소낙비 내리듯 벚꽃 떨어지듯 쏟아진 것이 아니라
이슬비 내리듯 가랑비 내리듯 한 잎씩 두 잎씩
누군가의 가슴속으로 떨어져 내린 꽃잎, 꽃잎.

Everyday gratitude
힘들 때 전화하면 언제든 받아주는 친구나 가족

Date. . . .

오늘 이 순간, 감사하고 싶은 일은 …

선물을 주는 행위로 얻을 수 있는 진정한 행복은 선물을 받는 이의 행복을 상상하는 데 있다.
_ 테오도르 아도르노

모이다
누군가의 사랑이 모이고 모여 조그만 시내가 되고 강물이 된 것이지요. 누군가의 마음이 모이고 모여 조그만 길이 된 것이지요. 다시 사랑이 된 셈이에요.

Gratitude for nature
무당벌레, 풍뎅이, 반딧불이 같은 작은 벌레들도
우리와 함께 살아가고 있어요

Date.   .   .   .

오늘 이 순간, 감사하고 싶은 일은 …

인간은 신을 위해서가 아니라 자기 자신의 방향을 제대로 정하기 위해 기도한다
_ 아우구스티누스

다행

그래도 당신이 있어 보고픈 사람,
자다가도 문득 생각나는 사람,
당신이라도 있어 잠시 다행이에요.
부디 당신도 그러시나요?

Everyday gratitude
혼자만의 시간을 방해받지 않고 보낼 수 있다는 것

오늘 이 순간, 감사하고 싶은 일은 …

용서는 복수보다 순수한 분노에 가깝고,
어쩌면 그 분노마저 사그라지게 만드는 슬픔 그 자체다 _ 한나 아렌트

사랑에게

사랑아, 너 그냥 그 자리에서 있거라.
가까이 오려고 애쓰지 말아라. 웃고만 있거라.
강건하여라. 울지 말아라. 지치지 말아라.

Gratitude for nature

가을 산에 올라 바스락바스락 낙엽을 밟아보세요

Date.   .   .   .

오늘 이 순간, 감사하고 싶은 일은 …

사랑하는 것은 천국을 살짝 엿보는 것이다

_ 카렌 선드

희망 오늘을 사랑하고 내일을 믿습니다.
당신도 부디 그러시길 빕니다.

Everyday gratitude
내 이야기를 진심으로 귀 기울여 들어주는 사람

Date. . . .

오늘 이 순간, 감사하고 싶은 일은…

내 비장의 무기는 아직 손안에 있다. 그것은 희망이다

_ 나폴레옹

꿈   가슴속에 예쁘고 사랑스러운 꿈을 품어보기 바랍니다.
그러면 조금씩 견뎌지고 이겨내지고
끝내 꽃을 피워내는 날이 올 것입니다.

Gratitude for nature
해가 뜨고 지는 풍경을 보면,
자연도 인생의 모습을 닮은 듯합니다

Date. . . .

오늘 이 순간, 감사하고 싶은 일은 …

감사의 마음은 어떤 상황에서도 행복을 발견하는 비결이다

_ 로이 T. 베넷

최선

나는 오늘 많은 일들과 만났고
견딜 수 없는 일까지 견뎠습니다.
나름대로 최선을 다한 셈입니다.

Everyday gratitude
스트레스 해소에 도움이 되는 맛있는 간식

Date. . . .

오늘 이 순간, 감사하고 싶은 일은 …

행복해진다는 것은 진정한 자기 자신을 발견하고 두려움 없이 이를 받아들인다는 의미다

_ 발터 벤야민

동행

너와 내가 둘이 아니고 하나라는 것,
나의 문제가 너의 문제이기도 하다는 것.
서로를 응원하고 동행을 허락해야 한다.

Gratitude for nature
거울처럼 맑은 호수에 비친 풍경을 보면 마음도 맑아집니다

Date. . . .

오늘 이 순간, 감사하고 싶은 일은 …

생각하는 사람처럼 행동하고, 행동하는 사람처럼 생각해야 한다

_ 베르그송

**천
천
히** 천천히 가도 괜찮아요. 내 안에 있는 가능성을 찾아서 천천히 천천히 가도 됩니다.

Everyday gratitude
예상치 못하게 받은 작지만 소중한 선물

Date.   .   .   .

오늘 이 순간, 감사하고 싶은 일은 …

낙원의 파랑새는 자신을 잡으려 하지 않는 사람의 손 위에 날아와 앉는다

_ 존 베리

넘치는 행복

이 시간을 누리는 것도 과분하고
내 곁에 있는 사람도 과분한 사람입니다.
모든 것이 분에 넘치는 행복입니다.

Gratitude for nature
길가에 핀 이름 모를 들꽃에게 가만히 말을 걸어보세요

Date. . . .

오늘 이 순간, 감사하고 싶은 일은 …

세상에서 당신이 바꿀 수 있는 확실한 것 한 가지는 바로 당신 자신이다

_ 올더스 헉슬리

노래 불행하다고 느껴질 때 노래를 들어보세요.
행복한 마음이 찾아올 거예요.

Everyday gratitude
내가 잘하는 일이나 즐겁게 할 수 있는 일이 있다는 것

Date. . . .

오늘 이 순간, 감사하고 싶은 일은…

한마디 말이 삶의 압박과 고통에서 우리를 구해준다. 그 말은 사랑이다

_ 소포클레스

사랑의 말

사랑의 말은 작을수록 좋습니다.
가까이 귓속말로 둘이서 알아듣기만 하면 되니까요.

Gratitude for nature
벚꽃이 떨어질 때, 낙하하는 꽃잎을 붙잡으면
사랑이 이루어진대요

Date.   .   .   .

오늘 이 순간, 감사하고 싶은 일은…

사랑받지 못하는 것은 그저 운이 없는 일이지만, 사랑하지 못하는 것은 진정 불행한 일이다
_ 알베르 카뮈

소중하고 고마운 인연들 따뜻한 마음을 오래 간직하세요

41 힘들고 고단할 때 내게 햇살 같은 미소를 선물해 준 사람은?

42 내가 무언가를 끝까지 해낼 수 있도록 옆에서 지켜봐 준 사람은?

43 서로의 미래를 응원하며 함께 힘을 내보자고 격려를 주고받았던 사람은 누구인가요?

44 내가 거둔 작은 성과에도 아낌없는 칭찬과 박수를 보내준 사람은?

45 내가 틀렸을 때 용기 있게 지적해 주고 바른길로 이끌어준 사람은?

46 힘들 때 찾아가면 늘 따뜻한 위로를 건네주는 사람이 있나요?

___

___

___

47 마음이 힘들 때 떠올리곤 하는 달콤하고 멋진 추억을 선사한 친구가 있나요?

___

___

___

49 누군가의 사소한 말 한마디가 눈물 나게 고마웠던 적이 있나요?

___

___

___

50 보이지 않는 곳에서 선행을 베풀어 내게 감동을 준 사람이 있나요?

___

___

___

40 예상치 못한 상황에서 내게 깜짝 선물로 기쁨을 준 사람이 있나요?

___

___

___

51 나를 있는 그대로 인정해 주고 사랑해 준 사람은 누구인가요?

___

52 내 건강을 챙겨주고 걱정해 주었던 사람은 누구인가요?

___

53 나의 성장에 필요한 전문적인 지식이나 정보를 알려준 사람(학교 선배, 직장 상사, 선생님 등)은 누구인가요?

___

54 붐비는 도로에서 운전하다가 내게 길을 양보해 준 친절한 운전자 분을 기억하나요?

___

55 예상치 못했던 상황에서 기발한 아이디어로 난관을 극복하게 도와준 사람이 있나요?

___

56 내가 스스로를 사랑하게 만들어준 사람은 누구인가요?

___

57 나의 콤플렉스를 장점으로 바꿔준 사람은 누구인가요? 혹은 그런 경험이 있나요?

___

58 내 가족이나 친구처럼 가까운 사람이 어려움에 처했을 때 도움을 준 사람은 누구였나요?

___

59 엘리베이터 문이 닫히기 직전, 황급히 열림 버튼을 눌러준 고마운 사람이 있나요?

___

60 무심코 건넨 한마디로 내 인생을 바꾼 사람이 있나요?

___

약속

작은 약속이 소중합니다.
어떠한 약속도 지켜져야만 하는 것이니까요.

Everyday gratitude
배우고 성장할 수 있는 새로운 지식이나 경험

Date. . . .

오늘 이 순간, 감사하고 싶은 일은 …

충분한 것을 적다고 생각하는 자에게 충분한 것은 아무것도 없다

_ 에피쿠로스

오늘 지금

어제는 지나간 오늘입니다.
내일은 아직 오지 않은 오늘입니다.
나에게 있는 것은 오늘의 오늘,
지금 여기의 오늘입니다.

Gratitude for nature
칠흑 같은 어둠 속에서 반짝이는 반딧불이는
신비롭고 환상적인 추억을 선물합니다

Date. . . .

오늘 이 순간, 감사하고 싶은 일은…

인간은 행복해지기로 마음먹은 만큼 행복해질 수 있다

_ 에이브러햄 링컨

아름다운 것

세상에서 가장 아름다운 것이 무엇이냐고 묻는다면
첫째는 장미꽃, 둘째는 어린이,
셋째는 어머니의 마음이라고 말하겠습니다.

Everyday gr1atitude
아무런 계획 없이 온전히 쉴 수 있는 여유

Date.   .   .   .

오늘 이 순간, 감사하고 싶은 일은 …

겨울이 오면 봄이 멀지 않으리

_ 셸리

좋은 내일

자기 삶을 사랑하고 자기 자신을 사랑하세요.
분명히 오늘보다는 내일이 좋을 거예요.

Gratitude for nature
해 질 무렵, 붉은빛으로 온 세상을 물들이는 노을의 아름다움은 감탄을 자아냅니다

Date. . . .

오늘 이 순간, 감사하고 싶은 일은 …

고통이 남기곤 간 뒤를 보라. 고난이 지나면 반드시 기쁨이 찾아온다

_ 괴테

행복하자

우리는 행복할 의무가 있습니다. 가치가 있습니다.
자격이 있습니다. 충분히 그렇고 그렇습니다.

Everyday gratitude
오랜만에 연락 온 반가운 사람과의 대화

Date.   .   .   .

오늘 이 순간, 감사하고 싶은 일은 …

오늘 나는 행복한 사람이 될 것을 선택하겠다
나는 어떤 상황에서도 나의 삶에 감사하겠다 _ 안네 프랑크

언제나 봄

우리 마음속에 봄을 간직하고, 봄을 살아가고,
봄을 사랑하고, 봄을 느끼면 1년 내내 봄이 됩니다.

Gratitude for nature
바닷가 바위에 부딪혀 흩어지는 파도의 흰 포말을 보면
가슴이 벅차오릅니다

Date. . . .

오늘 이 순간, 감사하고 싶은 일은 …

희망을 갖지 않고 사는 것은 사는 것을 멈춘 것과 같다

_ 도스토옙스키

오늘 선물   오늘 받은 선물 가운데서도 가장 아름다운 선물은 당신입니다.

Everyday gratitude
건강하게 숨 쉬고 움직일 수 있는 나의 몸

Date.   .   .   .

오늘 이 순간, 감사하고 싶은 일은…

사람은 자신에게 닥친 문제의 수를 세기를 좋아한다
하지만 자신에게 있는 행복의 수는 세지 않는다   _ 도스토옙스키

별 남을 따라서 살 일이 아니다.
네 가슴에 별 하나 숨기고서 살아라.
끝내 그 별 놓치지 마라. 네가 별이 되거라.

Gratitude for nature
산마루에 올라 '야호'를 길게 외치면,
메아리가 사뿐히 되돌아와 인사를 건넵니다

Date.　　.　.　.

오늘 이 순간, 감사하고 싶은 일은…

인생은 가까이에서 보면 비극이지만 멀리서 보면 하나의 희극이다

_ 찰스 디킨스

여기가 천국

다른 곳이 천국이 아니고 여기가 천국입니다.
다른 사람이 천사가 아니라 바로 내 곁에 있는
당신이 천사입니다.

Everyday gratitude
몰입해서 읽을 수 있는 재미있는 책

Date.   .   .   .

오늘 이 순간, 감사하고 싶은 일은…

인생에서 작은 것들을 즐겨라
언젠가 그것들이 가장 큰 것들이었음을 깨닫게 될 테니   _로버트 브롤트

터닝포인트

터닝포인트는 유턴이 아닙니다.
가다가 돌아오는 게 유턴이고,
돌아서 더 좋은 길로 가는 것이 터닝포인트랍니다.

Gratitude for nature
첫눈이 내리는 날엔 꼭 그리운 사람을 만나세요

Date. . . .

오늘 이 순간, 감사하고 싶은 일은 …

당신 안에는 언제든 돌아가 쉴 수 있는 고요한 성소가 있다

_ 헤르만 헤세

열 번째

아홉 번 실패했다면 아홉 번 시작했다는 말입니다.
한 번에 성공하는 사람은 없습니다.
포기하지 않는다면 열 번째엔
반드시 성공할 수 있답니다.

Everyday gratitude
지루함을 잊게 해주는 영화나 드라마 한 편

Date. . . .

오늘 이 순간, 감사하고 싶은 일은…

잊는 것은 결국 용서하는 것이다

_ 피츠제럴드

내일 다시

조금쯤 모자라거나 삐뚤어진 구석이 있다면
내일 다시 하거나 내일 다시 고쳐서 하면 됩니다.

Gratitude for nature
파도에 씻긴 조약돌에도
여러 가지 얼굴과 수십 개의 표정이 있답니다

Date.   .   .   .

오늘 이 순간, 감사하고 싶은 일은 …

행복해지려면 주위에서 일어나는 일에서 무엇이든 감사할 것을 찾아라

_ 론다 번

여행길

초대 없이 찾아온 이 세상. 우리는 날마다 사는 일이 서툴고 하루하루가 처음이기에 순간순간 새롭고 싱싱하고 가슴 설레는 여행이지요. 여행길에서 만나는 사람들이죠. 힘내세요.

Everyday gratitude
아무 통증 없이 자유롭게 걸을 수 있다는 것

Date. . . .

오늘 이 순간, 감사하고 싶은 일은…

중요한 것은 바로 지금이라는 사실을 기억하고 또 기억하라
지금 살고 지금 느끼고 지금에 집중하라

_ 실비아 플라스

내가 꽃

왜 꽃이 나를 보고 웃을까요? 꽃은 웃지 않아요. 그냥 피어 있을 뿐이에요. 내가 웃었기 때문에 꽃이 웃는 것으로 보인 거예요.

Gratitude for nature
맹꽁이 울음이 비를 부르고 나면, 본격적으로 여름이 개장합니다

Date. . . .

오늘 이 순간, 감사하고 싶은 일은…

내가 누군지, 왜 지금 여기 있는지 모른다면 삶은 불가능하다

_톨스토이

위로

너, 너무 잘하려고 애쓰지 마라.
오늘 일은 오늘의 일로 충분하다.

Everyday gratitude
내가 만든 음식을 맛있게 먹어주는 사람의 웃음

Date.   .   .   .

오늘 이 순간, 감사하고 싶은 일은 …

너를 행복하게 하는 사람에게 감사하라. 그들은 네 영혼을 꽃피게 하는 정원사이니

_ 마르셀 프루스트

노을

아침에 뜨는 해는 우리에게 소망을 주고
아름다움을 주고 벅찬 출발을 줍니다.
저녁에 지는 해는 붉은 노을과 함께 우리에게
안식을 주고 지난날의 회상과 그리움을 선물합니다.

Gratitude for nature
유성우가 밤하늘을 가득 채우는 날에는
간절히 소원을 빌어보세요

Date.   .   .   .

오늘 이 순간, 감사하고 싶은 일은 …

인간에게 가장 효과적인 무기는 바로 웃음이다

_ 마크 트웨인

그런 사람

위로가 되고 축복이 되고 기쁨이 되고 악수가 되고 꽃다발이 되는 그런 사람이 되고 싶습니다.

Everyday gratitude
냉장고나 식료품 저장고가 넉넉히 채워져 있을 때

Date.   . . .

오늘 이 순간, 감사하고 싶은 일은…

나는 감사할 줄 모르면서 행복한 사람을 한 번도 보지 못했다

_ 지그 지글러

밝은 세상

마당 한 번 쓸고, 꽃 한 송이 돌보고,
마음속에 누군가 사랑하는 마음을 지니면
지구가 대낮처럼 밝아집니다.

Gratitude for nature
비 온 뒤 거미줄에 맺힌 물방울이 흔들리면,
작은 우주가 춤을 춥니다

Date.   . . .

오늘 이 순간, 감사하고 싶은 일은…

가장 중요한 시간은 항상 지금이다. 가장 중요한 사람은 항상 너의 앞에 있는 사람이다
가장 중요한 행동은 항상 사랑이다 _ 에크하르트

모든 순간

날마다 이 세상 첫날처럼 살고,
모든 순간 이 세상 마지막처럼 살겠습니다.

Everyday gratitude
갑작스러운 비를 피할 수 있는 처마나 건물

Date. . . .

오늘 이 순간, 감사하고 싶은 일은…

평생 동안 '감사합니다'라는 오직 한마디 기도만 하더라도 그것으로 충분하다

_ 에크하르트

위로와 치유

위로가 있으려면 감동이 있어야 합니다.
그래야 위로가 이루어지고 치유가 됩니다.
치유 다음에는 소망이 싹트니
이 모든 과정이 참 감사한 일입니다.

Gratitude for nature
매화 한 송이가 차갑게 얼어붙은 대기를 밀어내며 피어납니다

Date.   .   .   .

오늘 이 순간, 감사하고 싶은 일은 …

기적이란 지금 이 순간 느낄 수 있는 평화와 아름다움을 느끼는 것이다

_ 틱낫한

소중하고 고마운 인연들 따뜻한 마음을 오래 간직하세요

61 내게 새로운 것을 배우는 기쁨을 준 사람은 누구입니까?

_____
_____
_____

62 부모님 외에 아무 대가 없이 내게 용돈을 준 사람이 있었나요?

_____
_____
_____

63 낯선 여행지에서 내게 길을 알려준 사람은 누구일까요?

_____
_____
_____

68 경제적인 어려움에 처했을 때 내게 물질적인 도움을 주거나 돈을 빌려준 사람은 누구인가요?

_____
_____
_____

80 갑작스러운 나의 부탁에도 기꺼이 시간을 내어준 사람이 있나요?

_____
_____
_____

66 내가 저지른 실수를 용서하고 다시 시작할 기회를 준 사람은?

___

___

67 그 순간 내가 꼭 필요한 물건을 빌려준 사람은 누구였나요?

___

___

68 내 고집을 꺾고 더 넓은 시야로 세상을 보게 해준 사람은 누구인가요?

___

___

69 나조차 깜빡하고 있던 내 기념일(생일, 결혼기념일, 그 밖의 특별한 날)을 챙겨준 사람은?

___

___

70 인생의 전환점이 되는 책이나 영화를 소개해 준 사람이 있나요?

___

___

71 비가 오는 날, 내게 우산을 빌려준 사람은?

72 밥 먹을 때 자주 손이 가는 반찬을 내 앞으로 밀어준 사람은 누구인가요?

73 잃어버린 물건을 찾아준 사람이 있었나요?

74 열정을 불태우며 일할 때 함께 밤을 지새워 준 동료나 친구는 누구인가요?

75 멀리 있어도 진심으로 나를 응원해 주고 격려해 준 사람이 있나요?

76 아무 대가 없이 내 인생에 큰 영향을 끼칠 사람을 소개해 준 사람은 누구인가요?

77 평생 기억에 남을 감동적인 영화나 책을 추천해 준 사람이 있나요?

78 가장 최근 내게 손편지를 보내준 사람은 누구인가요?

79 지친 하루 끝에 따뜻한 차 한 잔을 건네준 사람은 누구였나요?

80 주차하다 어려움을 겪고 있는데 수신호로 내게 방향을 가르쳐준 사람이 있나요?

기쁨 살아 있어서 기쁘고, 누군가 만날 수 있어서 기쁘고, 그를 만나 웃고 이야기하고 사랑할 수 있어서 기쁩니다.

Everyday gratitude
누군가에게 작은 도움을 주었을 때의 뿌듯함

Date.   .   .   .

오늘 이 순간, 감사하고 싶은 일은…

우리는 행복하기 때문에 감사하는 것이 아니라, 감사하기 때문에 행복하다

_ 데이비드 슈타인들 라스트

좋아하는 일

대개 인생에서 성공한 사람들은 게으름 피우지 않고 공부를 열심히 한 사람들입니다. 그것도 죽을 때까지 좋아하는 일을 계속한 사람들입니다.

Gratitude for nature
안개가 자욱한 날, 시골 교회에서 울려 퍼지는 종소리를 들어본 적 있나요?

Date. . . .

오늘 이 순간, 감사하고 싶은 일은…

감사는 당신이 갖지 못한 것에 대한 불평을 멈추고 당신이 가진 것에 집중하도록 이끕니다
_오프라 윈프리

칭찬 잘한다, 잘했다, 잘할 것이다. 내가 나에게 말해주고 나를 칭찬해 주세요. 점점 좋은 사람, 잘하는 사람, 내가 바라는 사람으로 바뀌어갈 것입니다.

Everyday gratitude
과거의 실수를 통해 얻은 귀한 교훈과 성장

Date. . . .

오늘 이 순간, 감사하고 싶은 일은 …

지독히 화가 날 때에는 인생이 얼마나 덧없는가를 생각해 보라

_ 마르쿠스 아우렐리우스

투명한 손

나는 살면서 나를 받아주시는
보이지 않는 손이 있다고 생각합니다.
여러분에게도 그런 손이 있길 바랍니다.

Gratitude for nature
타닥타닥 타오르는 모닥불 앞에 앉으면 마음이 고요해져요

Date.   .   .   .

오늘 이 순간, 감사하고 싶은 일은 …

웃음 없는 하루는 낭비한 하루다

_ 찰리 채플린

지금

보기에 좋은 사람, 예쁜 사람이 있다면,
지금 당장 망설이지 말고 말해주세요.
시간은 당신을 기다려주지 않으니까요.

Everyday gratitude
햇살에 잘 말린 이불이나 옷에서 나는 포근한 향기

Date. . . .

오늘 이 순간, 감사하고 싶은 일은…

낙관주의자란 봄이 인간으로 태어난 것이다

_ 수잔 비소네트

청복

다산 선생은 말했습니다. 비록 깊은 산속,
아무도 알아주는 이 없는 곳에 살고 있지만
푸른 계곡물을 바라보며 발을 담그고, 어여쁜 꽃과
나무를 벗하며, 사소하지만 의미를 찾는 일상을
살아가는 것. 이것이 진정한 청복입니다.

Gratitude for nature
정원에서 나비가 날아가는 곳을 천천히 따라가 보세요

Date.   .   .   .

오늘 이 순간, 감사하고 싶은 일은 …

감사는 세상에 대한 가장 아름다운 태도입니다

_ G. K. 체스터턴

작은 만족

달라이 라마는 이런 말을 했습니다.
탐욕의 반대는 무욕이 아니라
잠시 내게 머물렀던 것들에 대한 만족이라고.

Everyday gratitude
생각지도 못하게 찾아온 한두 시간의 여유

Date. . . .

오늘 이 순간, 감사하고 싶은 일은 …

당신이 진정으로 감사할 때, 이기심은 사라지고 오만함은 덜어집니다
당신의 마음이 열리고 관대해집니다
_ 마야 안젤루

오늘의 연속

오늘을 사랑하세요. 오늘 모든 노력과 힘을 쏟아 살아내세요. 오늘은 가장 중요하고 소중한 날입니다. 우리의 삶은 오늘의 연속이고 오늘이 모여 일생이 되기 때문입니다.

Gratitude for nature
비 온 후에 무지개가 걸린 하늘을 보면
무엇인가 좋은 일이 생길 것 같습니다

Date.   .   .   .

오늘 이 순간, 감사하고 싶은 일은…

가장 불행한 사람은 감사가 없는 사람입니다

_마더 테레사

괜찮은 나

이미 충분히 잘하고 있습니다.
나는 아주 괜찮은 사람입니다.

Everyday gratitude
잠시 멈춰 서서 하늘을 올려다볼 때의 평화

Date.   . . .

오늘 이 순간, 감사하고 싶은 일은…

감사는 평범한 순간을 가장 특별한 순간으로 바꾸는 마법입니다

_오드리 헵번

첫 번째 인생

모두가 처음 살아가는 인생입니다.

그래서 조금 서툴러도 괜찮습니다.

새롭고 아름답고 서툰 것, 그것이 사랑입니다.

Gratitude for nature

소라껍데기에 귀를 대면 바다의 속삭임을 들을 수 있어요

Date.   .   .   .

오늘 이 순간, 감사하고 싶은 일은…

병이 건강을 달콤하게 하듯 배고픔은 배부름을, 피곤함은 휴식을 달콤하게 한다

_ 헤라클레이토스

현재진행형

당신이 내 옆에 와 있어서
나의 봄은 언제나 현재진행형이 되었습니다.

Everyday gratitude
매일 사용하는 물건들이 고장 나지 않고 잘 작동할 때

Date.   .   .   .

오늘 이 순간, 감사하고 싶은 일은…

사물의 아름다움은 오직 그것을 바라보는 정신에 존재한다

_ 데이비드 흄

네 덕분

아프리카 말 중에 '우분투(Ubuntu)'라는 말이 있습니다. 우리가 있기에 내가 있다. 네가 있으므로 내가 있는 거다. 다 네 덕분이다. 이 말입니다.

Gratitude for nature
유쾌하고 즐거운 새들의 노랫소리를 들으며 하루를 시작합니다

Date.   .   .   .

오늘 이 순간, 감사하고 싶은 일은 …

우리가 소유할 수 있는 유일한 인생은 일상이다

_ 카프카

우리 서로

우리는 서로 기뻐해야 합니다. 그리고 기뻐하도록
노력해야 합니다. 그 사람을 도와주고,
나도 그 기쁨을 방해받지 않도록 해야 합니다.

Everyday gratitude
맛있는 음식을 함께 나눌 수 있는 소중한 사람들의 존재

Date. . . .

오늘 이 순간, 감사하고 싶은 일은…

사랑할 수 있다는 것은 모든 것을 할 수 있다는 것이다

_안톤 체호프

행복 의지

행복도 연습이며 학습입니다.
'저녁 때 돌아갈 집이 있다는 것'을 자꾸 생각하고
깨달아 행복해지려는 의지가 필요합니다.

Gratitude for nature
천둥과 비바람이 지나간 다음 날 세상은 한층 더 맑고 고요합니다

Date.　　.　.　.

오늘 이 순간, 감사하고 싶은 일은…

마음을 맑고 깨끗하게 하여 모든 증오의 감정을 멀리하면 젊음은 오래 보존될 수 있다

_스탕달

귀한 시간

인생은 참 귀하고 아름다운 시간입니다. 어제보다 오늘 더 사랑하고 나를 아끼며 잘 살아야 합니다.

Everyday gratitude
어릴 적 행복했던 추억이 불현듯 떠오르는 순간

Date.   .   .   .

오늘 이 순간, 감사하고 싶은 일은 …

사막이 아름다운 것은 어딘가에 샘을 숨기고 있기 때문이다

_ 생텍쥐페리 《어린 왕자》 중에서

이유

희망이 있는 사람은 살아야 할 이유가 있습니다.
사랑하는 사람은 살아남을 이유가 있습니다.
해야 할 일이 있는 사람은 내일을 기다릴 이유가 있습니다.

Gratitude for nature
섬세한 서리의 무늬를 본 적 있나요?
겨울이 그린 예술 작품이랍니다

Date.   .   .   .

오늘 이 순간, 감사하고 싶은 일은…

세상에서 가장 사랑받는 사람은 모든 사람을 칭찬하는 사람이고,
가장 행복한 사람은 감사하는 사람이다   _ 탈무드

지금여기

이곳은 내가 그토록 꿈꾸던 곳이고, 보고 싶었던 곳이고, 듣고 싶었던 소리가 들리는 곳이다, 그렇게 생각해 보세요.

Everyday gratitude
매일 아침 볼 수 있는 희망찬 일출 또는 아름다운 노을

Date.   .   .   .

오늘 이 순간, 감사하고 싶은 일은…

아무것도 변하지 않아도 내가 변하면 모든 것이 변한다

_오노레 드 발자크

좋은 세상

지금 이 세상은 참 좋은 세상입니다.
좋은데 좋은 걸 모르는 사람이 많습니다.
왜냐하면 늘 좋기 때문입니다.

Gratitude for nature
가을 하늘을 무리 지어 이동하는 기러기 가족은
동행의 소중함을 일깨워 줍니다

Date.   .   .   .

오늘 이 순간, 감사하고 싶은 일은…

아침에 일어날 때마다 할 일이 있음에 감사하라

_ 찰스 킹슬리

고맙습니다

나는 할 일이 있습니다. 나는 갈 곳이 있습니다.
나에게는 만날 사람이 있습니다.
이 세 가지 미래가 있어서 나는 행복합니다.
내 인생은 충분히 아름답습니다.

Everyday gratitude
밤이 되면 아무런 걱정 없이 잠들 수 있는 안전함

Date. . . .

오늘 이 순간, 감사하고 싶은 일은…

불행할 때 감사하면 불행이 끝나고, 형통할 때 감사하면 형통이 연장된다

_ 찰스 스펄전

첫날

오늘은 내가 앞으로 살아야 할 날들의 첫날입니다.
그리고 새로운 날입니다.
이 얼마나 기쁘고 찬란한 일인가요.

Gratitude for nature
호수 위에 핀 연꽃은
고요하게 중심을 잃지 않는 법을 가르쳐줍니다

Date. . . .

오늘 이 순간, 감사하고 싶은 일은 …

감사하는 마음은 우리를 더 공감하는 사람으로 만든다

_ 마틴 루터 킹 주니어

행복 연습

젊은 시절 나는 아주 많이 불행하다고 생각했습니다. 실제로 불행한 게 아니라 불행하다고 생각했지요. 지금 나는 행복하지 않지만 아주 많이 행복하다고 생각합니다. 행복도 연습이며 학습이니까요.

Everyday gratitude
우연히 들어간 식당의 맛있는 음식

Date. . . .

오늘 이 순간, 감사하고 싶은 일은 …

세상에서 가장 중요한 것은 감사할 줄 아는 마음입니다

_ 헨리 데이비드 소로

소중하고 고마운 인연들 따뜻한 마음을 오래 간직하세요

81 어두운 밤길을 가야 할 때 함께 걸어준 사람은 누구인가요?

82 바쁜 와중에도 나의 건강을 염려해 준 사람이 있었나요?

83 내가 아플 때(혹은 다쳤을 때) 약을 사다 준 사람은 누구였나요?

84 하기 싫은 일을 대신 해준 사람이 있었나요?

85 아침 일찍 출근할 때, 또는 등교할 때 내게 밝은 미소로 인사를 보내준 사람은 누구인가요?

86 내 옷에 묻은 얼룩을 닦아주거나 머리카락을 떼어준 사람은 누구였나요?

87 약속 시각에 늦었는데도 웃으며 괜찮다고 말해준 사람은 누구인가요?

88 내 모습이 가장 마음에 들게 사진을 찍어준 사람은 누구인가요?

89 내 이야기를 듣고 배꼽이 빠져라 웃어준 사람은 누구였나요?

90 나를 위해 기꺼이 불편함을 감수해 준 사람은 누구인가요?

91 내가 이야기할 때 스마트폰을 보지 않고 집중해 준 사람은 누구인가요?

92 말하지 않아도 나의 변화(헤어 스타일이 변했거나 새 옷을 입은 날 등)를 알아채고 세심한 관심을 보여준 사람은 누구인가요?

93 내가 좋아하는 음료나 간식(또는 기호식품)을 기억하고 갖다준 사람은 누구인가요?

94 여행을 다녀온 후 내게 기념품을 사다 준 사람은 누구인가요?

95 내가 좋아하는 이성 앞에서 나에게 칭찬을 해준 사람이 있나요?

96 내 MBTI의 좋은 점만을 강조해서 말해준 사람은 누구인가요?

---

97 들키고 싶지 않은 내 비밀을 지켜준 사람은 누구인가요?

---

98 내가 좋아하는 일이나 어젯밤 꿈에 관해 이야기했을 때 귀 기울여 들어준 사람은 누구인가요?

---

99 고깃집에서 땀을 흘리며 내가 먹을 고기를 구워준 사람은 누구인가요?

---

100 지하철에서 "난 서서 갈게."라며 내게 좌석을 양보해 준 친구는 누구인가요?

현자賢者의 말

죽음을 앞둔 현자가 자주
입에 올린 말은

고맙다, 감사하다, 안녕히.

우리 비록 현자가 아니고
죽음을 앞둔 사람 아니라도
자주 입에 올릴 말은

고맙다, 감사하다, 안녕히.

그러노라면 고맙지 않은 세상이
고마운 세상이 되고
감사하지 않은 사람이
감사한 사람이 되고
안녕하지 않은 너와 내가
안녕한 너와 내가 되지 않을까.

_ 나태주

버킷 리스트

- [ ]
- [ ]
- [ ]
- [ ]
- [ ]
- [ ]
- [ ]
- [ ]
- [ ]
- [ ]
- [ ]
- [ ]
- [ ]
- [ ]
- [ ]
- [ ]
- [ ]
- [ ]
- [ ]
- [ ]

오늘의 셀프 칭찬 한 줄

Date.   .   .   .

Date.   .   .   .

Date.   .   .   .

Date.   .   .   .

Date.   .   .   .

오늘 하루를 잘 살아낸 나에게 작은 응원과 칭찬의 한마디를 전해보세요.

Date.   .   .   .

Date.   .   .   .

Date.   .   .   .

Date.   .   .   .

Date.   .   .   .

Date.

Date.

Date.

Date.

Date.

Date. . . .

Date. . . .

Date. . . .

Date. . . .

Date. . . .

Date.

Date.

Date.

Date.

Date.

Date.

Date.

Date.

Date.

Date.

Date.

Date.

Date.

Date.

Date.

Date. . . .

Date. . . .

Date. . . .

Date. . . .

Date. . . .

Date.

Date.

Date.

Date.

Date.

Date.

Date.

Date.

Date.

Date.

note

note

note

note

note

note

note

note

note

note

note

note

Personal Memo

Name

Mobile Phone

E-mail

Birthday

Address

Etc.